¿CÓMO CRECEN LOS GIRASOLES?

Kathleen Connors
Traducido por Diana Osorio

Gareth Stevens
PUBLISHING

Please visit our website, www.garethstevens.com. For a free color catalog of all our high-quality books, call toll free 1-800-542-2595 or fax 1-877-542-2596.

Library of Congress Cataloging-in-Publication Data
Names: Connors, Kathleen, author.
Title: ¿Cómo crecen los girasoles? / Kathleen Connors.
Description: New York : Gareth Stevens Publishing, [2022] | Series: ¿Cómo
    Crece? | Includes index.
Identifiers: LCCN 2020011763 | ISBN 9781538268230 (library binding) | ISBN
    9781538268216 (paperback) | ISBN 9781538268223 (6 Pack)| ISBN 9781538268247
    (ebook)
Subjects: LCSH: Sunflowers–Juvenile literature.
Classification: LCC SB299.S9 C66 2022 | DDC 583/.983–dc23
LC record available at https://lccn.loc.gov/2020011763

First Edition

Published in 2022 by
Gareth Stevens Publishing
111 East 14th Street, Suite 349
New York, NY 10003

Translator: Diana Osorio
Editor: Kristen Nelson
Editor, Spanish: Rossana Zúñiga
Designer: Katelyn E. Reynoldss

Photo credits: Cover, p. 1 Pasuk Lertbuaban / EyeEm/Getty Images; p. 5 Mike Powles/Stone/Getty Images; pp. 7, 24 (seeds) MirageC/Moment/Getty Images; p. 9 Les Cunliffe/ Photolibrary / Getty Images Plus; p. 11 Elva Etienne/Moment/Getty Images; p. 13 EllenMoran/E+/Getty Images; pp. 15, 24 (sprout) Ed Reschke/Stone/Getty Images; p. 17 miguelangelortega/Moment/Getty Images; pp. 19, 24 (bud) Kanchanalak Chanthaphun / EyeEm/Getty Images; p. 21 Geri Lavrov/Moment/Getty Images; p. 23 Sean Seltzer / EyeEm/Getty Images.

Printed in the United States of America

Some of the images in this book illustrate individuals who are models. The depictions do not imply actual situations or events.

CPSIA compliance information: Batch #CSGS22: For further information contact Gareth Stevens, New York, New York at 1-800-542-2595.

Find us on

Contenido

Los girasoles
son bellos.
¿Cómo crecen?

Los girasoles crecen
de semillas.

Se plantan en
la primavera.
Crecen en la tierra.

Pueden cultivarse
en el suelo
o en una maceta.

Las semillas de
los girasoles
necesitan agua.
Necesitan mucha
luz del sol.

13

Plantas pequeñas salen
de las semillas.
Estas se llaman brotes.

Estos salen de la tierra.
De allí nacen hojas.

De ellas pueden crecer tallos altos.

De ellas crecen capullos. Los capullos se abren como flores.

Los girasoles son amarillos. También pueden ser de color naranja o rojos.

21

Su centro es de
color marrón.
Aquí es donde se
encuentran las semillas.

Palabras que debes aprender

capullo

semillas

brote

Índice